Andrea Küssner-Neubert

Für kleine Hände

Basteln mit Naturmaterial

christophorus

Inhalt

Schatzkiste Natur

Nach einem Spaziergang bringen Kinder oft voller Stolz Fundstücke aus der Natur mit nach Hause: Kastanien, Eicheln, Steine, Blätter, Schneckenhäuser, Beeren und Zapfen. Anschließend möchten sie dann gerne aus ihren gesammelten Schätzen etwas Schönes basteln. In Verbindung mit Papier, Filz, Wolle, Farben und Materialien aus der Küche entstehen daraus kleine Kunstwerke.

In diesem Buch stelle ich Ihnen tolle Bastelideen rund um das Jahr vor: Haselnusshasen, Blätterschmetterlinge, fantasievolle Sandbilder, Kastanienwichtel, Zapfenengel sowie einen Kürbis-Weihnachtsmann. Die vorgestellten Modelle dienen dabei als Anregung, denn Kinder entwickeln beim Basteln oft ganz eigene Ideen. So wird ihre Kreativität und Fantasie auf spielerische Art gefördert.

Falls Sie nicht alle Naturmaterialien in Ihrer Umgebung finden: Einzelne Materialien sind auch im Hobbyfachhandel erhältlich.

Ich wünsche Ihnen und Ihren Kindern viel Spaß beim Sammeln und Basteln!

Andrea Küssner-Neubert

Material & Technik

Naturmaterial sammeln

- Naturmaterial bitte immer umweltverträglich sammeln, denn nur ein verantwortungsbewusster Umgang mit der Natur sichert den Sammel- und Bastelspaß in den folgenden Jahren.
- Keine Zweige oder Äste von Sträuchern und Bäumen abreißen, sondern nur abgefallene oder solche von gefällten Bäumen verwenden. Die meisten Früchte fallen von alleine ab, auch hier den Boden absuchen und nichts abreißen. Pflanzen, die unter Naturschutz stehen, dürfen nicht verwendet werden.
- Zum Sammeln am besten Stofftaschen oder Kartons verwenden. In Plastiktüten faulen und schimmeln die meist noch feuchten Naturmaterialien leicht.

Naturmaterial trocknen

- Das gesammelte Material sortieren, etwas säubern und auf Zeitungspapier ausbreiten, beispielsweise in großen Schuhkartons. Die Teile dürfen nicht aufeinanderliegen, sonst schimmeln sie. Das Material nie direkt über der Heizung oder neben dem Ofen trocknen, es wird sonst schnell spröde.
- Zum Pressen die Blätter ohne Überlappung zwischen Zeitungspapier legen, mit Büchern beschweren und einige Tage an einem nicht zu warmen Ort trocknen.
- Blätter auch ungepresst trocknen lassen: Sie wölben sich und sehen dadurch interessant aus.
- Auch diese Erfahrung gehört dazu: Nicht alle Naturmaterialien eignen sich zum Basteln, manche werden beim Trocknen unansehnlich oder zerfallen.

Naturmaterial aufbewahren

Getrocknete und gepresste Naturmaterialien in Schuhkartons aufbewahren, nicht in Plastiktüten oder Plastikschalen, weil sie darin leicht schimmeln. Aus dem gleichen Grund die Materialien nicht übereinander in den Karton legen.

Hilfsmittel

Diese Hilfsmittel gehören zur Grundausstattung und sollten bereitliegen:

- Bleistift, weicher Radiergummi, Lineal,
- Kohlepapier, Transparentpapier (Butterbrotpapier oder Architektenpapier),
- dünne Pappe (für Schablonen),
- Bastelschere für Kinder, Cutter mit Schneideunterlage oder spitze Schere, Zackenschere,
- Klebstoff (Bastelkleber, Kraftkleber, Alleskleber, Heißkleber),
- Filzstifte, Buntstifte und Lackstifte in verschiedenen Farben,
- Plakat- und Acrylfarben,
- Schulmalfarben, Deckmalfarben, Fingermalfarben,
- Pinsel in verschiedenen Größen,

- Zirkel, dicke Nähnadel, Dosenpiker,
- kleiner Seitenschneider (um Draht und dünne Äste zuzuschneiden),
- Kastanienbohrer, Nussknacker, Küchenmesser.

Vorlagen übertragen

Zum Übertragen der Vorlagenzeichnungen Kohlepapier zwischen Vorlage und Werkmaterial legen und das Motiv mit Bleistift durchpausen. Da das Naturmaterial immer eine unterschiedliche Größe hat, die Vorlage eventuell entsprechend anpassen, zum Beispiel mit einem Fotokopierer vergrößern bzw. verkleinern oder am Computer einscannen und bearbeiten.

Schablonen anfertigen

Wenn Motive mehrfach benötigt werden, eine Schablone anfertigen. Hierfür das Motiv auf Transparentpapier (Butterbrotpapier oder Architektenpapier) übertragen. Mit Klebestift flächig auf dünne Pappe kleben und ausschneiden. Die Schablone auf das Werkmaterial legen und die Umrisse mit Bleistift umfahren.

Kreise anfertigen

Runde Formen lassen sich ganz einfach mit einem Zirkel anfertigen (ein Erwachsener sollte helfen). Dazu an einem Lineal die benötigte Größe einstellen und die Zirkelspitze in das Papier stecken (weit genug vom Rand entfernt). Den Zirkel am oberen Ende anfassen, die Bleistiftspitze auf dem Papier aufsetzen und locker im Kreis herumführen. Alternativ können auch Schalen, Tassen und Teller in der passenden Größe verwendet werden. Dazu den jeweiligen Gegenstand auf das Papier legen und mit Bleistift umfahren.

Schneiden

Besonders empfehlenswert sind spezielle Kinderbastelscheren mit abgerundeten Spitzen. Bastelscheren sind in Rechts- und Linkshänderversionen erhältlich. Beim Schneiden das Werkstück in der Hand drehen. Bleistiftlinien wegschneiden oder später mit einem Radiergummi entfernen.

Kleben

- Je nach Material Bastelkleber, Kraftkleber (ohne Lösungsmittel) oder Alleskleber verwenden.
- Vor dem Kleben immer ausprobieren, wie die einzelnen Teile angeordnet werden sollen.
- Den Klebstoff immer sehr sparsam und etwas vom Rand entfernt auftragen, damit beim Zusammenpressen der Teile nichts hervorquillt. Falls dies doch passiert, lässt sich überschüssiger Klebstoff mit einem sauberen, weichen Radiergummi entfernen, solange er noch feucht ist.
- Zum Befestigen von sperrigen oder schweren Teilen ist eine Heißklebepistole mit niedriger Temperatur zu empfehlen. Die Arbeit mit der Klebepistole bietet den Vorteil, dass nicht gewartet werden muss, bis der Klebstoff getrocknet ist. Die Teile müssen jedoch schnell zusammengefügt werden, sonst wird der Klebstoff hart.
- Flache Teile, die zusammengeklebt werden, mit Wäscheklammern fixieren, bis der Klebstoff getrocknet ist. Plastische Figuren auf die Arbeitsfläche setzen und etwas Knetmasse unterlegen, bis der Klebstoff getrocknet ist.

Hinweis

Kinder dürfen die Heißklebepistole nur unter Aufsicht eines Erwachsenen verwenden.

Malen

- Plakat- und Acrylfarben auf Wasserbasis besitzen eine hohe Deckkraft und eignen sich für viele Untergründe wie Papier, Stein, Holz, Metall, Glas und Kunststoff.
- Schulmalfarben (Deckmalfarben) und Fingermalfarben haften auf Untergründen wie Papier, Pappe und Karton. Zum Bemalen größerer Flächen einen Borstenpinsel verwenden, zum Malen von Linien einen feinen Haarpinsel.
- Styroporkugeln zum Bemalen auf Holzspieße stecken. Die Kugeln mit Acrylfarbe bemalen und zum Trocknen in eine Konservendose stellen.

Gesichter gestalten

- Die Augen der Figuren wirken lebendiger, wenn sie jeweils einen Glanzpunkt erhalten. Diese Lichtpunkte mit einem weißen Lackstift oder einem feinen Haarpinsel und Acrylfarbe auftupfen. Ebenso können auch Glanzpunkte auf der Nase gestaltet werden.
- Rote Wangen lassen Gesichter fröhlicher erscheinen. Hierfür einen roten Buntstift anspitzen und die Holzspäne entfernen. Alternativ den Buntstift mit einem Messer oder einer Schere abschaben. Die Anspitzkrümel dann mithilfe eines Fingers oder eines Wattestäbchens aufreiben.

Haselnusshasen

1 Die Haselnüsse mit Lackstiften bemalen: Für die Hasenköpfe Gesichter und für die Ostereier bunte Muster aufzeichnen (siehe Tipp).

2 Wellpappestreifen zuschneiden, pro Hasenkörper etwa 3 x 18 cm, aufrollen und zusammenkleben. Jeweils einen Kopf auf einen Körper kleben.

3 Chenilledrahtstücke, etwa 4–8 cm lang, als Ohren und Schwänzchen ergänzen. Zwei ganze Kürbiskerne als Arme und zwei halbe Kürbiskerne als Füße befestigen.

4 Die Holzscheibe mit Kleber bestreichen und das Moos darauf verteilen. Anschließend die Hasen und Ostereier aufkleben.

Du brauchst

eine ovale Holzscheibe, Haselnüsse, Kürbiskerne, Moos, hellbraunen Chenilledraht, naturfarbene Wellpappe, Lackstifte

Grundanleitung Seiten 6–9

Tipp

Für die Ostereier die Haselnüsse zuerst mit einer Farbe grundieren und nach dem Trocknen Muster nach Wunsch gestalten. Dabei die gerade verwendete Farbe gut antrocknen lassen, bevor die nächste Farbe aufgetragen wird.

Freche Kressekinder

1 Den Eierkarton so zuschneiden, dass zwei Teile mit jeweils vier Vertiefungen entstehen; ein Teil bunt bemalen und trocknen lassen.

2 Von den Eierschalen jeweils das obere Viertel vorsichtig entfernen; die Eier in das unbemalte Eierkartonteil setzen. Die Eier mit Blumenerde füllen und Kressesamen einstreuen. Die Kresse nach der Packungsangabe ziehen, bis die Kressesamen sprießen, dabei regelmäßig mit Wasser besprühen (Dauer: etwa 10 Tage).

3 Zum Schluss lachende Gesichter auf die Eierköpfe malen und die Kressekinder in das bemalte Eierkartonteil setzen.

Du brauchst

ausgeblasene und gereinigte Eier, Eierkartonunterteil, Blumenerde, Kressesamen, Schulmalfarben (oder Wasserfarben), Lackstifte, Wasser-Sprühflasche

Grundanleitung Seiten 6–9

Hahn und Henne

1 Von der Papprolle zwei etwa 3 cm breite Ringe abschneiden und jeweils mit Moos bekleben. Wer mag, kann zwei Sternanisstücke (je drei Zacken) als Füße ergänzen.

2 Rote Fingerfarbe als Wangen auf die Eier tupfen. Die Eier jeweils in einen Ring setzen und die Farbe trocknen lassen.

3 Zwei Linsen als Augen, zwei Kürbiskerne als Mund, drei Kidneybohnen als Kamm sowie Federn als Flügel und Schwanz ankleben. Beim Hahn noch zwei Kidneybohnen als Kehllappen ergänzen. Die Linsen mit den Lackstiften als Augen gestalten und die Farbe gut trocknen lassen.

Du brauchst

ausgeblasene und gereinigte Eier, Papprolle, Moos, getrocknete Linsen, getrocknete Kidneybohnen, getrocknete Kürbiskerne, Sternanis, Federn, rote Fingerfarbe, einen weißen und einen schwarzen Lackstift

Grundanleitung Seiten 6–9

Fröhliche Schnecke

1 Nach der Vorlage die Motiveinzelteile aus Fotokarton zuschneiden. Mit schwarzem Lackstift eine Spirale auf das Schneckenhaus malen. Den Schneckenkörper bedrucken: Hierfür einen Finger in die Farbe tauchen und den Karton betupfen. Die Farbe trocknen lassen.

2 Das Schneckenhaus Schritt für Schritt mit Kleber bestreichen und mit verschiedenen Kernen, Körnern und Hülsenfrüchten belegen. Die zwei weißen Kreise (Fühlerpunkte) mit Pistazienschalen bekleben und jeweils an einem dünnen Ast befestigen.

3 Die Augen auf den Schneckenkörper kleben. Mit dem Lackstift die Linien aufmalen. Das Schneckenhaus und die Fühler mit Klebstoff am Schneckenkörper befestigen.

Du brauchst

weißen Fotokarton, verschiedene getrocknete Kerne, Körner und Hülsenfrüchte (z. B. Kürbiskerne, Pistazienkerne, Maiskörner, Linsen, Erbsen, Kidneybohnen), Pistazienschalen, dünne Äste, rote und orangefarbene Fingerfarben, einen schwarzen Lackstift

Grundanleitung Seiten 6–9

Vorlage 1, Seite 56/57

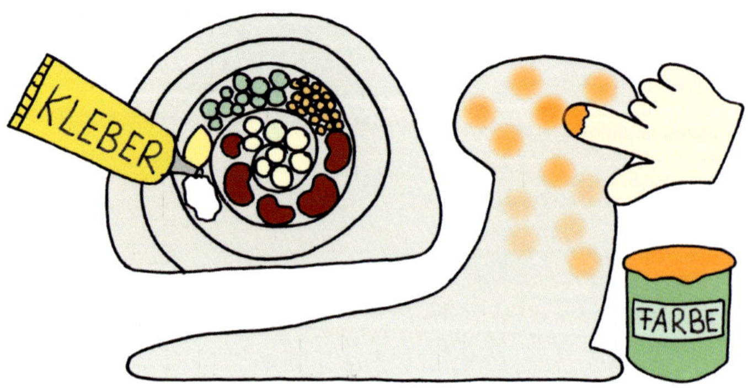

Blätterschmetterlinge

1 Die Blätter als Schmetterlingsflügel anordnen und zur Stabilisierung auf Tonkarton kleben. Kleine Blätter als Flügelverzierungen ergänzen. Gut durchtrocknen lassen. Die Schmetterlingsflügel der Form folgend ausschneiden.

2 Kleine Aststücke als Schmetterlingskörper auf die Blätterflügel kleben. Aludrahtstücke, je etwa 6 cm lang, an einer Seite etwas rund biegen. Je zwei Fühler mit Heißkleber an die Äste kleben.

Du brauchst

verschiedene getrocknete und gepresste Blätter, kleine dünne Äste, weißen Tonkarton, dünnen farbigen Aludraht, weißes Nähgarn

Grundanleitung Seiten 6–9

Tipp

Als Aufhängung einen Nähgarnfaden an jedem Schmetterling (Fühler) befestigen.

Sonnenblumen

1 Pappkreise, je 6 cm Ø, zuschneiden (Anleitung Seite 8) und jeweils mit einer Nähnadel mittig zwei Löcher bohren. Blumendrahtstücke, je 40 cm lang, in der Mitte knicken, durch die vorgebohrten Löcher der Pappscheiben stecken und miteinander verdrehen.

2 Die Ränder der Pappscheiben jeweils mit Kleber bestreichen und mit Maiskörnern belegen. Danach die Innenflächen auf die gleiche Weise mit verschiedenen Körnern und Hülsenfrüchten belegen. Gut trocknen lassen. Den Draht mit grünem Bastband umwickeln.

3 Aus der Wellpappe 11 cm breite Streifen zuschneiden (die Wellpapplinien sollten senkrecht verlaufen). Die Streifen mit Klebefilm zu einer dicken Rolle (etwa 6 cm Ø) zusammenkleben. Die Blumen in die Rolle stecken. Die Rolle mit Bastband verzieren.

Du brauchst

stabile Pappe, naturfarbene Wellpappe, orangefarbenes, rotes und grünes Bastband, Blumendraht, verschiedene getrocknete Körner und Hülsenfrüchte (z. B. Maiskörner, Erbsenhälften, rote Linsen) oder eine Körnermischung (z. B. Vogelfutter)

Grundanleitung Seiten 6–9

Tipp

Die Blumen können auch in einen schön gestalteten Blumentopf gesteckt werden: Hierfür den Topf mit Sand, Blumenerde oder kleinen Steinchen füllen und außen mit Blättern und Muscheln verzieren.

Krokodil und Frosch

1 Die Walnüsse mit einem Nussknacker halbieren, entleeren und der Abbildung entsprechend mit Farbe gestalten. Pistazienschalen als Augen bemalen.

2 Für das Krokodil die Zähne und den Schwanz, für den Frosch die Zunge und die Beine aus Tonkarton zuschneiden (Vorlage 2). Für die Krokodilbeine Chenilledrahtstücke verwenden. Die Tiere der Abbildung entsprechend zusammenkleben.

3 Aus Motivtonkarton, 18 x 28 cm, einen Teich anfertigen; hierfür die Ränder wellig zuschneiden. Außerdem ein Seerosenblatt herstellen (Vorlage 2). Die Blattmaserungen aufmalen und das Blatt auf den Teich kleben. Den Frosch und das Krokodil ergänzen.

Du brauchst

Walnüsse, Pistazienschalen, hellgrünen Chenilledraht, Motivkarton „Wasser", weißen, rosafarbenen, hell- und dunkelgrünen Tonkarton, einen grünen Buntstift, einen schwarzen Filzstift, Acrylfarben

Grundanleitung Seiten 6–9

Vorlage 2, Seite 57

Unterwasserwelt

1 Nach der Vorlage die Motiveinzelteile aus Tonkarton zuschneiden; beim Seestern Punkte aufmalen. Die Walnüsse halbieren, entleeren und je eine Hälfte an eine Seite der Tonkartonkörper kleben. Bei dem Fisch die Flossen ergänzen.

2 Wackelaugen anbringen und jeweils ein schwarzes Wollfadenstück als Mund aufkleben. Jeweils einen Nähgarnfaden der Abbildung entsprechend am Fisch und am Seestern befestigen. Die Böden der Gläser mit Sand, Muscheln und Steinen belegen.

3 In jeden Deckel mit einem Dosenpiker ein Loch bohren, den Faden von unten durchziehen (bis das Motiv etwa in der Mitte hängt) und das Fadenende mit Klebefilm am Deckel festkleben. Den Deckel auf das Glas schrauben. Stoffreste auflegen und mit Gummiband fixieren. Jeweils ein Karoband umbinden.

Du brauchst

Gläser mit Schraubdeckel (ca. 11 cm hoch), Tonkarton in verschiedenen Farben, Walnüsse, Wackelaugen, Stoffreste, schmales Karoband, Gummibänder, einen schwarzen Wollfaden, weißes Nähgarn, Strandschätze (z. B. Sand, Muscheln, Steine), einen orangefarbenen Filzstift, Klebefilm

Grundanleitung Seiten 6–9

Vorlage 3, Seite 56

Fantasievolles Sandbild

Du brauchst

Sand, Strandschätze (z. B. Muscheln, leere Schneckenhäuser, Steine), Aststücke

Grundanleitung Seiten 6–9

1 Die Sandfläche, auf der das Bild entstehen soll, mit den Händen glatt streichen. Anschließend mit dem Zeigefinger ein großes Herz in den Sand malen.

2 Rund um das Herz aus Aststücken einen Bilderrahmen legen.

3 Zum Schluss das Herz innen mit Muscheln, Schneckenhäusern oder Steinen ausfüllen.

Tipp

Fantasievolle Sandbilder können auch in einem Sandkasten entstehen. Hierfür beispielsweise eine Blume in den Sand malen und mit Löwenzahnblüten und Steinen füllen. Aus Löwenzahnblättern einen Bilderrahmen legen.

Flotter Flitzer

1 Die Styroporkugel (Kopf) mit Acrylfarbe grundieren (Anleitung Seite 9). Nach dem Trocknen der Farbe eine halbe Walnussschale als Helm befestigen. Das Gesicht mit Lackstiften aufmalen.

2 Vom Maiskolben (Rennauto) mittig einige Körner entfernen, bis die Styroporkugel dort hineinpasst. Die Kugel einkleben. Eine gebundene Karoschleife ergänzen. Die Reifen aus Tonkartonkreisen (Anleitung Seite 8) anfertigen, bemalen, mit getrockneten Erbsenhälften verzieren und am Kolben befestigen.

3 Auf der stabilen Pappe (Straße) schwarze Buntstiftkrümel mit dem Finger verreiben. Die Mitte markieren und etwa 2 cm lange weiße Streifen aufmalen.

4 Für die Ampel auf die Astscheibe je einen roten, einen gelben und einen grünen Kreis aufmalen. Die Astscheibe an einen Holzspieß kleben und diesen in den Korken stecken.

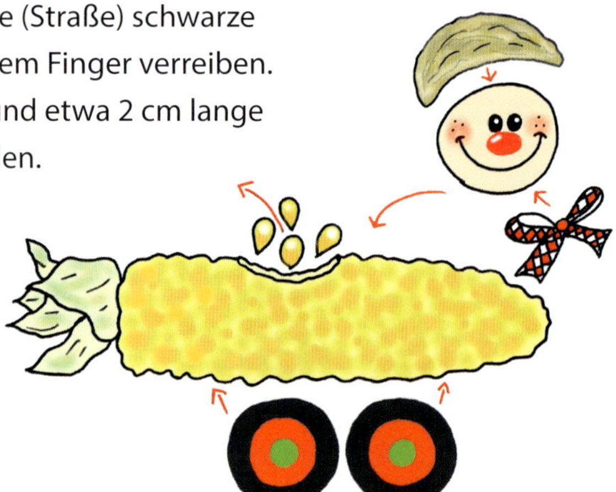

Du brauchst

einen getrockneten Maiskolben, eine halbe Walnussschale, getrocknete Erbsenhälften, eine längliche Astscheibe (ca. 2 x 8 cm), einen Korken, einen Holzspieß, stabile Pappe (ca. 13 x 25 cm), eine Styroporkugel (4 cm Ø), schmales Karoband, apricotfarbene, gelbe, rote und grüne Acrylfarben, Lackstifte, schwarze Buntstiftkrümel

Grundanleitung Seiten 6–9

Pilz-Dartscheibe

Du brauchst

weißen; roten, hellgrünen und schwarzen Bastelfilz, schwarze Wollfäden, Moosgummizahlen (2 cm) in verschiedenen Farben, Kletten (getrocknete Blütenhüllen)

Grundanleitung Seiten 6–9

Vorlage 4, Seite 58/59

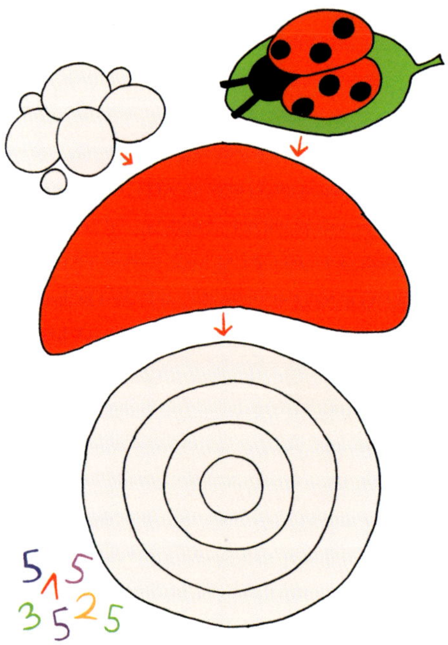

1 Aus weißem Bastelfilz Kreise zuschneiden (Anleitung Seite 8): 4 cm Ø, 7 cm Ø, 11 cm Ø und 16 cm Ø. Zudem die anderen Motiveinzelteile nach der Vorlage 4 sowie schmale schwarze Filzstreifen für die Fühler, kleine schwarze Kreise für die Marienkäferflügel und weiße Kreise für den Pilzhut zuschneiden.

2 Alle Einzelteile der Abbildung entsprechend zusammenkleben. In die Mitte des Marienkäferflügels längs mit Klebstoff eine Linie ziehen und einen schwarzen Wollfaden auflegen. Einen langen Wollfaden als Aufhängung auf der Rückseite der Scheibe befestigen. Zum Schluss die Moosgummizahlen anbringen.

Spielregeln:

Die Dartscheibe an eine Wand hängen und die geeignete Entfernung bestimmen. Von dort aus mit den Kletten auf die Dartscheibe werfen und die Punktzahl der getroffenen Ringe und Kreise zusammenzählen. Wer wird Dartmeister?

5
5
5
5
5
3
2
1

Kastanienwichtel

1 Für die Figuren die hellen Flächen von zwei Kastanien (Körper) und zwei Styroporkugeln (Köpfe) mit Schulmalfarben gestalten. Nach dem Trocknen der Farbe mit Lackstiften Gesichter auf die Köpfe zeichnen.

2 Mit einem Kastanienbohrer Löcher in die Kastanien bohren, jeweils ein Zahnstocherstück einstecken und eine Styroporkugel als Kopf aufsetzen. Etwa je sechs Wollfäden bündeln, in der Mitte zusammenknoten und als Haare ankleben. Darauf eine Kastanienschale als Hut befestigen.

3 Für den Unterstand die Baumrinde nach und nach mit Klebstoff bestreichen, anschließend getrocknete Blätter und Blumen auflegen. Gut durchtrocknen lassen. Acht Kastanien durchbohren, je vier mit Zahnstochern zusammenstecken und der Abbildung entsprechend unter die Baumrinde kleben.

Du brauchst

Kastanien und Kastanienschalen, Baumrinde (ca. 5 x 19 cm), getrocknete Blätter und Blumen, Styroporkugeln (3 cm Ø), Zahnstocher, gelbe und braune Wollfäden, beigefarbene, rote und grüne Schulmalfarben, Lackstifte, Wattestäbchen

Grundanleitung Seiten 6–9

Tipp

Die Kastanien können auch mit Heißkleber zusammengefügt werden.

Herbstbaum

1 Den hellblauen Fotokarton auf die stabile Pappe kleben. Mit Bleistift die Umrisse eines Baums aufzeichnen. Vier Äste um die Pappe zu einem Rahmen legen und an den Ecken mit Bastband zusammenbinden. Die Pappe hinter den Rahmen kleben.

2 Den Baum nach und nach mit Klebstoff bestreichen und anschließend gepresste Blätter, Nüsse, Fruchtstände, Kerne und Körner auflegen. Die Birkenrinde als Baumstamm zuschneiden und aufkleben. Alles gut durchtrocknen lassen.

Tipp

Ein langes Stück Bastband als Aufhängung anbringen.

Du brauchst

hellblauen Fotokarton, stabile Pappe (ca. 21 x 30 cm), dünne, lange Äste, Birkenrinde, verschiedene Naturmaterialien (z. B. getrocknete und gepresste Blätter, Fruchtstände, Kerne, Nüsse, Zapfen), weißes Bastband

Grundanleitung Seiten 6–9

Kleine Eicheleulen

1 Für jede Eule eine Eichel mit Eichelhut bereitlegen. Mit Lackstiften die Augen auf die Eicheln malen. Aus gelbem Filz kleine Dreiecke zuschneiden und diese als Schnäbel befestigen.

2 Je zwei Kürbiskerne als Eulenflügel an den Seiten fixieren. Die Eulen auf dem Ast anordnen und festkleben.

3 Aus hellgrünem und dunkelgrünem Bastelfilz einige Blätter zuschneiden und diese verteilt am Ast befestigen.

Du brauchst

einen kleinen Ast mit Astgabelungen, Eicheln mit Eichelhut, Kürbiskerne, gelben, hell- und dunkelgrünen Bastelfilz, einen weißen und einen schwarzen Lackstift

Grundanleitung Seiten 6–9

Kartoffelkinder

1 Nach der Vorlage die Einzelteile für Köpfe und Hüte aus Tonkarton zuschneiden. Die Gesichter aufmalen und Buntstiftkrümel als Wangen aufreiben. Bastbandstücke als Haare ergänzen.

2 Die Mützen nach und nach mit Klebstoff bestreichen und mit Naturmaterial belegen; für den Hut der rechten Figur Sand in den feuchten Klebstoff streuen. Alles gut durchtrocknen lassen. Die Motivteile der Abbildung entsprechend zusammenkleben.

3 Zahnstocher mit Klebefilm auf den Kopfrückseiten befestigen. Für die Arme Chenilledrahtstücke, je 15 cm lang, zuschneiden und an die Enden jeweils Holzperlen als Hände kleben. Die Drahtstücke um die Zahnstocher biegen.

4 Die Zahnstocher in die Kartoffeln stecken. Pro Figur je einen Filzstreifen, 1,5 x 18 cm, an den Enden fransig einschneiden und als Schal um den Zahnstocher knoten.

Du brauchst

Kartoffeln, getrocknete Maiskörner, getrocknete Blätter und Blüten, Sand, eine Muschel, weißen, apricotfarbenen, gelben, grauen und grünen Tonkarton, Bastelfilz in verschiedenen Farben, naturfarbene Holzperlen (1,2 cm Ø), braunen Chenilledraht, Zahnstocher, Bastband, Lackstifte, einen schwarzen Filzstift, rote Buntstiftkrümel

Grundanleitung Seiten 6–9

Vorlage 5, Seite 59

Tipp

Die Kartoffeln, die zum Basteln verwendet werden, sollten eine gute Standfläche aufweisen. Eventuell unten etwas gerade schneiden.

Mäusefangspiel

1 Walnüsse mit einem Nussknacker halbieren und entleeren. Eine Schalenhälfte auf Tonkarton legen, mit Bleistift umzeichnen und die Form ausschneiden. Für jede Maus so eine Tonkartonform anfertigen. Pro Maus ein Paketband, etwa 25 cm lang, zuschneiden und eine Perle anknoten. Das andere Ende in die Schale kleben. Den Rand der Schale mit Klebstoff bestreichen und auf den vorbereiteten Tonkarton kleben. Gut trocknen lassen, dann Augen und Nasen mit den Lackstiften aufmalen. Zwei Ohren aus Tonkarton ergänzen. Insgesamt drei Mäuse in unterschiedlichen Farben anfertigen.

2 Den Bierdeckel und die Pappdose mit gelbem Tonkarton beziehen. Mit gelbem Lackstift Kreise aufmalen und die Konturen nach dem Trocknen mit einem Filzstift nachziehen. Die runden Flächen des Würfels zuerst mit weißem Lackstift grundieren. Danach je zwei gegenüberliegende Seiten rot, grün und blau bemalen.

Spielregeln:

Jeder Spieler sucht sich eine Maus aus, stellt diese auf die runde Käsescheibe und hält sie an der Holzperle am Faden fest. Ein Spieler bekommt die Dose, dieser ist der Fänger. Der Fänger würfelt und versucht, die farblich passende Maus mit dem Becher auf der Käsescheibe einzufangen. Diese Maus muss ganz schnell weggezogen werden. Wird die Maus gefangen, ist der Spieler, dem diese Maus gehört, als Fänger dran. Oder ein Spieler mit einer anderen Farbe zieht fälschlicherweise seine Maus weg, dann ist er der neue Fänger.

Du brauchst

Walnüsse, gelben, roten, grünen und blauen Tonkarton, eine rote, eine grüne und eine blaue Holzperle (1 cm Ø), Paketband, Holzwürfel (3 x 3 cm), einen runden Bierdeckel, eine Pappdose (8 cm Ø), Lackstifte, einen schwarzen Filzstift

Grundanleitung Seiten 6–9

Lieber Löwe

1 Nach der Vorlage die Motiveinzelteile ausschneiden. Den Schwanz zweimal zuschneiden und beide Teile aufeinanderkleben.

2 Die Mähne nach und nach mit reichlich Klebstoff bestreichen; die Weizenähren zurechtschneiden, auflegen und mit der Hand andrücken. Ebenso den kleinen Kreis für den Schwanz mit Weizenähren bekleben. Alles gut durchtrocknen lassen.

3 Das Gesicht des Löwen gestalten. Den Kopf mit reichlich Klebstoff auf der Mähne befestigen. Die restlichen Motivteile der Abbildung entsprechend fixieren und die Zeichnungen mit einem Filzstift ergänzen.

Du brauchst

beigefarbenen, hellbraunen und schwarzen Fotokarton, Weizenähren, Lackstifte, einen schwarzen Filzstift, rote Buntstiftkrümel

Grundanleitung Seiten 6–9

Vorlage 6, Seite 60/61

Fledermäuse

1 Die Steine waschen und trocknen lassen; danach rundherum mit grauer Acrylfarbe bemalen. Die Farbe gut trocknen lassen.

2 Nach der Vorlage die Fledermausköpfe und die Flügel aus Fotokarton zuschneiden. Die Gesichter mit Lackstiften und einem Filzstift gestalten. Rote Buntstiftkrümel als Wangen aufreiben.

3 Die Konturen der Flügel mit einem farblich passenden Buntstift nachmalen. Fledermausköpfe und Flügel mit doppelseitigem Klebeband an den Steinkörpern befestigen.

Tipp

Nur Steine auswählen, die eine gute Standfläche aufweisen.

Du brauchst

hellgrauen und pinkfarbenen Fotokarton, kleine Steine (ca. 8–10 cm), graue Acrylfarbe, Buntstifte, Lackstifte, einen schwarzen Filzstift, doppelseitiges Klebeband

Grundanleitung Seiten 6–9

Vorlage 7, Seite 58

Holzschneemann

1 Ein getrocknetes Stück Holz oder Baumrinde weiß bemalen und trocknen lassen.

2 Die kleinen Steine waschen und trocknen lassen; anschließend weiß (Augen), orange (Nase), grün und blau (Knöpfe) anmalen. Nach dem Trocknen schwarze Punkte auf Knöpfe und Augen tupfen; bei den Augen weiße Lichtpunkte ergänzen.

3 Die Augen auf den Schneemannkörper kleben. Mit einem dünnen Pinsel kleine schwarze Punkte auftupfen (Mund). Nach dem Trocknen die Nase und die Knöpfe anbringen.

4 Die Kindersocke über den Schneemannkopf stülpen. Zuletzt mithilfe einer Nähnadel und eines Wollfadens das kleine Glöckchen anbringen.

Du brauchst

ein Stück Baumrinde oder Holz, kleine Steine als Augen, Nase und Knöpfe, ein gemustertes Kindersöckchen, ein goldenes Metallglöckchen (1,5 cm Ø), einen Wollfaden, Acrylfarben

Grundanleitung Seiten 6–9

Kürbis-Weihnachtsmann

1 Nach der Vorlage die Motiveinzelteile zuschneiden; die Vorlagen für Mützen- und Ärmelränder sowie für den Bommel seitenverkehrt auf die Rückseite des Velourspapiers legen, übertragen und ausschneiden. Das Gesicht aufmalen.

2 Alle Einzelteile der Abbildung entsprechend zusammenkleben. Chenilledraht, etwa 16 cm lang, um das Bastelholz biegen und die Hände mit den Ärmelrändern auf die Enden kleben. Den Kopf am Bastelholz festkleben.

3 Mit dem Küchenmesser einen Schlitz in den Kürbis schneiden und den Weihnachtsmann dort hineinstecken. Für die Kerzen die getrockneten Lampionblumen auf die Korken kleben und den Klebstoff gut trocknen lassen.

Du brauchst

Hokkaido-Kürbis (ca. 10 cm Ø), weißen, apricotfarbenen und roten Fotokarton, weißes Velourspapier, roten Chenilledraht, Korken, getrocknete Lampionfrüchte, ein naturfarbenes Bastelholz (1,1 x 11 cm), Lackstifte, rote Buntstiftkrümel

Grundanleitung Seiten 6–9

Vorlage 8, Seite 61

Zapfenengel und Bäume

1 Die Styroporkugeln (Köpfe) apricotfarben bemalen (Anleitung Seite 9); nach dem Trocknen der Farbe die Gesichter mit Lackstiften aufzeichnen.

2 Für die Haare sechs Baststücke, je etwa 8 cm lang, bündeln und in der Mitte mit einem Baumwollfaden zusammenknoten. Den Faden nicht abschneiden, dieser wird später als Aufhängung verwendet. Die Basthaare an die Kugel kleben und die gewünschte Frisur zuschneiden.

3 Von den Zapfen (Körper) einige Schuppen abknipsen und den Styroporkopf aufkleben. Aus naturfarbenem Blütenpapier Engelsflügel zuschneiden und auf der Zapfenrückseite befestigen. Ausgestanzte Sterne am Kopf ergänzen.

4 Für die Bäume der Abbildung entsprechend von den Zapfen einige Schuppen abknipsen. Die Zapfen auf die Aststücke kleben. Als Aufhängung ein Baumwollfadenstück doppelt legen und zusammenknoten. Den Knoten auf den Zapfen kleben. Eventuell einen Zapfensamen darüberkleben, um den Knoten zu verdecken.

Du brauchst

längliche Zapfen, dünne Aststücke, Styroporkugeln (3,5 cm Ø), naturfarbenes Bastband, weiße Baumwollfäden, gelbes und naturfarbenes Blütenpapier, einen Motivstanzer „Stern" (klein), apricotfarbene und rote Acrylfarben, Lackstifte

Grundanleitung Seiten 6–9

Weihnachtswichtel

1 Die Wellpappe mit Zimtstangen bekleben. Die Teelichthülle mit Motivklebeband verzieren. Etwas Tannengrün und das Teelicht mit reichlich Klebstoff auf den Zimtstangen befestigen; den Klebstoff gut durchtrocknen lassen.

2 Für die Wichtel die Erdnüsse (Kopf und Körper) sowie die Erbsenhälften (Nasen) der Abbildung entsprechend bemalen und die Farbe trocknen lassen. Die Nasen und die Wackelaugen aufkleben. Chenilledrahtstücke, je etwa 5 cm lang, als Bärte ergänzen.

3 Für die Mützen rote Filzkreise, je 6 cm Ø, zuschneiden (Anleitung Seite 8) und halbieren. Die Halbkreise zu „Spitzhüten" zusammenschieben und mit Klebstoff fixieren. Die Spitzen zur Seite knicken und festkleben; die Pompons ergänzen. Die Mützenränder mit Chenilledraht verzieren. Die Mützen auf die Wichtelköpfe kleben. Die Wichtel mit Klebstoff auf den Zweigen anbringen.

Du brauchst

Erdnüsse (in der Schale), Zimtstangen, getrocknete Erbsenhälften, einen kleinen Tannenzweig, ein Teelicht, Motivklebeband (Washi Tape), Wackelaugen (5 mm Ø), weißen Chenilledraht, weiße Pompons (6 mm Ø), roten Bastelfilz, braune Wellpappe (5 x 15 cm), pfirsichfarbene und rote Acrylfarben

Grundanleitung Seiten 6–9

Tipp

Die Wichtel so platzieren, dass sie genügend Abstand zum Teelicht haben. Achtung: Die Kerze nur unter Aufsicht brennen lassen.

Zuckersüße Äpfel

1 Die Äpfel waschen und gut abtrocknen. Puderzucker mit wenig Wasser dickflüssig anrühren, so entsteht ein Zuckerguss. Die Masse mit einem Esslöffel in den Frühstücksbeutel füllen und mit den Händen nach unten schieben.

2 Eine kleine Spitze unten von der Tüte abschneiden, sodass ein Spritzbeutel entsteht. Herzen, Schneekristalle, Sterne und Punkte aus Zuckerguss auf die Äpfel malen und die Masse gut trocknen lassen.

3 Den Rand des Bierdeckels nach und nach mit reichlich Klebstoff bestreichen, anschließend Erdnüsse auflegen. Nach dem Trocknen einen Apfel in der Mitte platzieren.

Du brauchst

Äpfel, Erdnüsse (in der Schale), einen runden Bierdeckel, Puderzucker, Wasser, einen kleinen Frühstücksbeutel aus Plastik, eine Schale, einen Schneebesen, einen Esslöffel

Grundanleitung Seiten 6–9

Tipp

Die Äpfel sehen als Tischdeko toll aus – und können anschließend aufgegessen werden.

Vorlagen

3

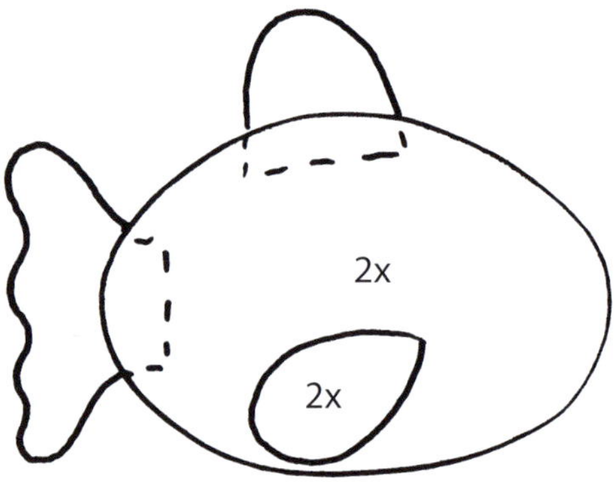

1

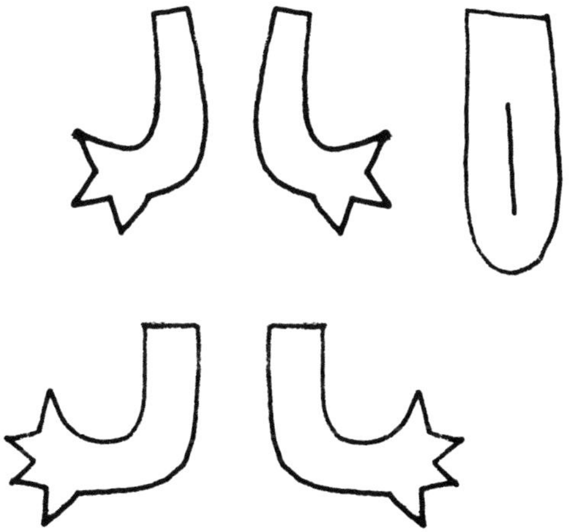

2

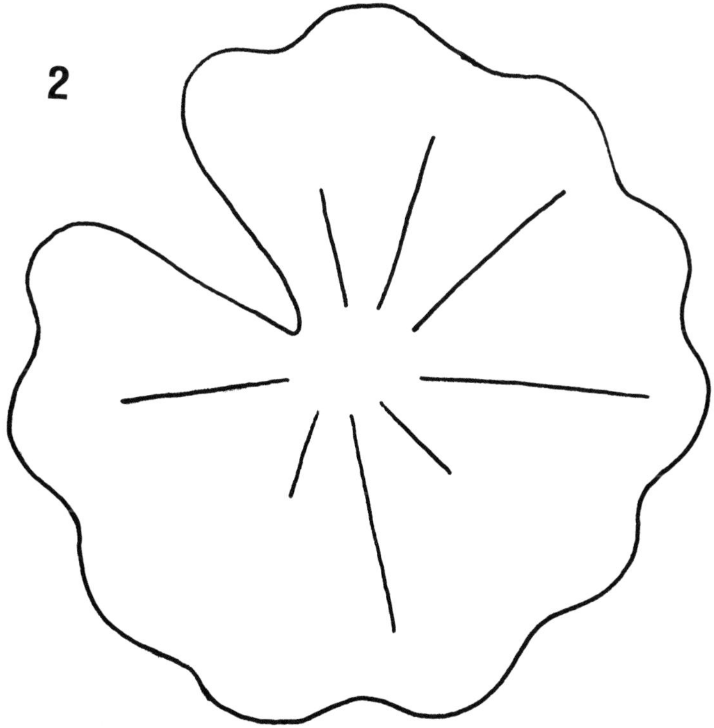

7

4

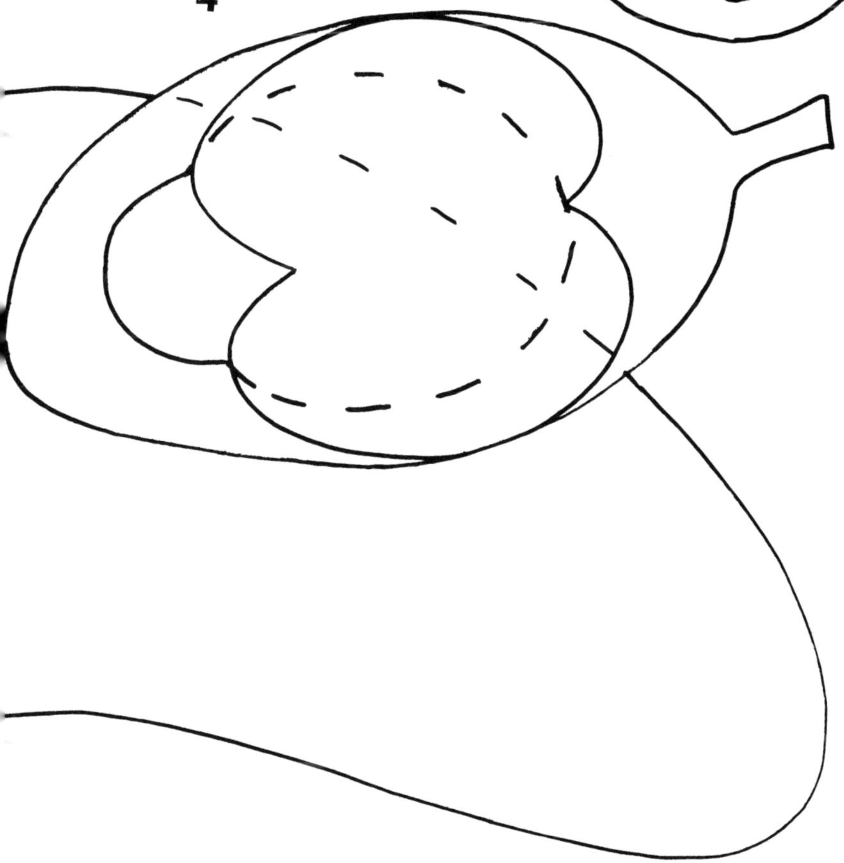

5

6

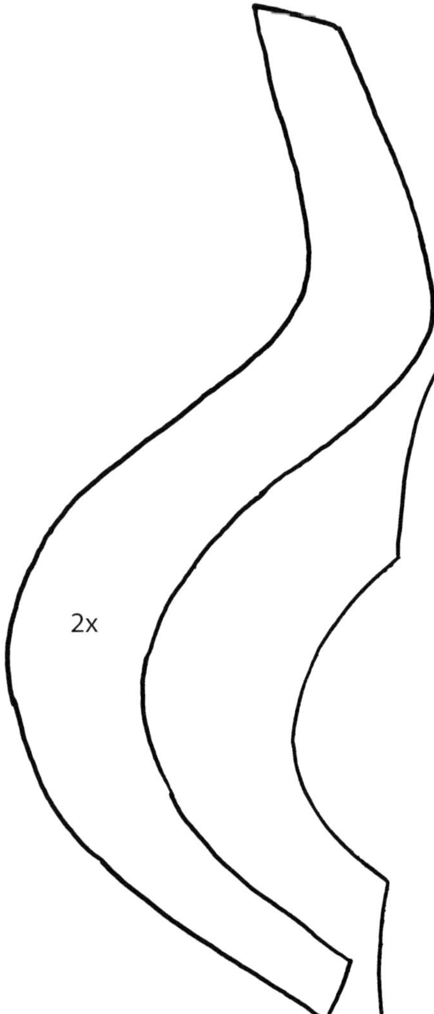

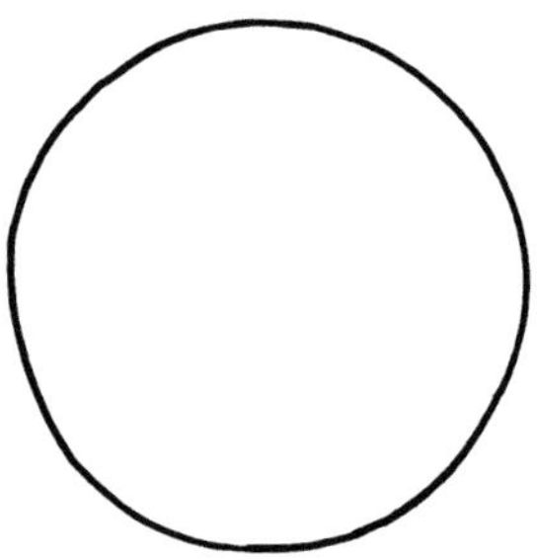

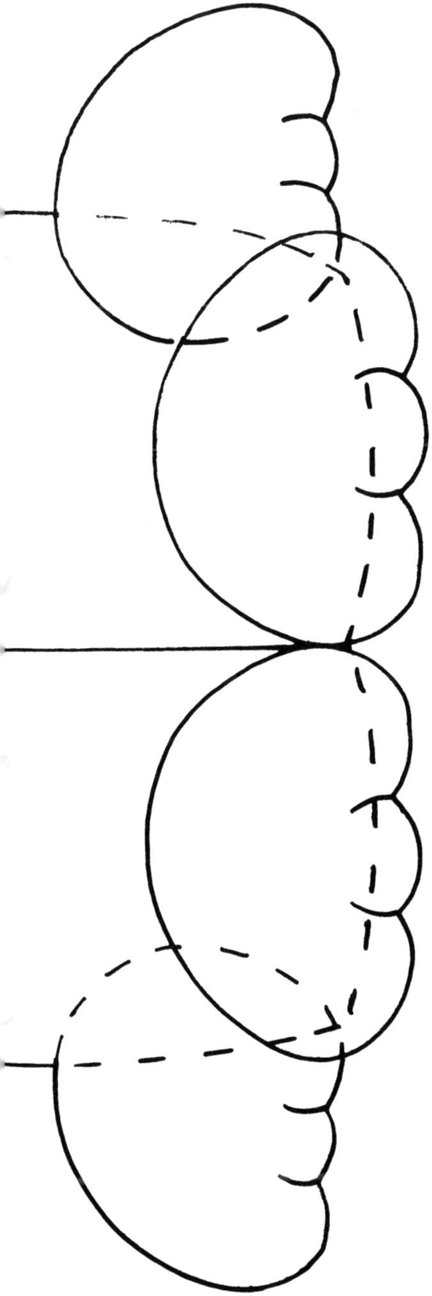

8

Impressum

Redaktion: Franziska Schlesinger, Astrid Spüler
Fotos: Roland Krieg
Illustrationen: Andrea Küssner-Neubert
Gesamtgestaltung & Satz: GrafikwerkFreiburg
Reproduktion: Meyle + Müller GmbH & Co. KG, Pforzheim
Druck & Verarbeitung: polygraf print, Slowakei

ISBN 978-3-8388-3533-4
Art-Nr. CV3533

Wir bedanken uns bei den Firmen Rayher Hobby GmbH, Staedtler Mars GmbH & Co. KG und VBS Hobby Service GmbH für die Bereitstellung der Materialien.

Kreativ-Service

Sie haben Fragen zu den Büchern und Materialien? Frau Erika Noll ist für Sie da und berät Sie rund um alle Kreativthemen. Rufen Sie an! Wir interessieren uns auch für Ihre eigenen Ideen und Anregungen. Sie erreichen Frau Noll per E-Mail: **mail@kreativ-service.info** oder Tel.: **+49 (0) 5052 / 91 18 58** Montag – Donnerstag: 9 – 17 Uhr / Freitag: 9 – 13 Uhr

Besuchen Sie uns im Internet: www.christophorus-verlag.de